azar (+ no tanto)

azar
(+ no tanto)

Aldo Sanz

eolas
poesía

Para Esteban Tranche
por su amistad y proverbial insistencia

Las hojas han caído, o de la tierra al árbol
subieron hoy
y aún fingen
pasión, estar, rumor. Y cruzo
y no dan sombra,
pues que son. Y no hay humo.

Poemas de la consumación, Vicente Aleixandre

Jugaba-jugabas-jugaba-jugábamos-jugaban-jugaban.

Archivo Dickinson, Ana Negroni

Prólogo

Viajo poco. Apenas salgo del barrio dos o tres días al mes. Un traslado en el bus municipal para ir a otro lugar de la ciudad me parece un viaje en toda regla, semejante al que puedan realizar cualquiera de mis contemporáneos en tren o en avión. A veces visito el extranjero a través de Google Earth Pro. Los vuelos en picado y su posterior aterrizaje en calles y plazas de Viena o Bogotá, por ejemplo, no falsean demasiado la realidad. Los edificios están quietos, las personas no caminan pero puedes intuir sus conversaciones. Las conversaciones a esas horas matinales son muy parecidas en todo el mundo. Siempre ocurre de este modo: al levantarme, antes del amanecer, busco un libro para una primera ingesta lírica. Si el autor/a es, por ejemplo, Tracy K. Smith, abro la aplicación de google busco Falmouth, Massachusses, y me pierdo por sus calles vacías siguiendo la flechita del cursor, buscando «el barro/ que un perro ha restreado por el suelo» o las «vacas con deshilachadas colas cascos malformados/ lesiones ojos retorcidos sufrientes / babeantes / tambaleándose como borrachas». Después no sé qué hago porque, inverosímilmente, sigo en casa, y cambio a Tracy K. Smith por Louise Glück y ya no viajo por ciudades ni puertos, sino que pongo rumbo a mí mismo, para buscarme en el umbral de todo y poder unir coherentemente el principio que fue y el fin que será. Así estos textos —entre-textos— son, por tanto, extracciones de hechos ocurridos hace tiempo y depositados en esa especie de cajón sideral del pensamiento y la memoria, filtrados y reinterpretados con la mirada de hoy y cincelados con herramientas de pensamiento actualizado (¿experiencia?). En una palabra: desfigurados, pero tan solo en el ropaje externo, en la forma, no en el concepto. Afortunadamente la poesía no es biografía (aunque también) y siempre el concepto me ha parecido superior al suceso o sucedido.

Entre la primera parte y la segunda hay algunos años de diferencia. No obstante las dos participan de un mismo pulido narrativo, si se puede decir así, aunque el barniz sea de coloración distinta. Poco distinta. Los pájaros, esas malditas aves de Yeats, son los que tejen el tembloroso discurso que se ofrece, los que cosen los distintos planos por donde camino, los que abren y cierran cada uno de los poemas protegidos por una suerte de invisibilidad. Quiero acabar con una una explicación de Geoffrey Hill que recoge Andreu Jaume en *Geoffrey Hill. Poesía reunida*, página 7: «¿Por qué tiene la música o la poesía que interpelarnos en términos simplificados cuando si esta interpelación se aplicara a una descripción de nuestra vida interior nos parecería humillante? Creo que el arte tiene derecho —no la obligación— de ser difícil si así lo desea. Y como la gente suele hablar de esto oponiendo elitismo o democracia, diré que el arte difícil es verdaderamente democrático».

uno

azar (+ no tanto)

Abrazo o gesto   —meditación—
abrazo   (tiempo breve)

abrazo   palabra mía / mia farrow /
mia ferro   tu fe como la mía
mi palabra tu hierro
que como la lenteja se mastica

come mística mastica hierro
(candente   ardiente verbo)
paisaje aglutinante desde donde
las rodillas clavadas en el suelo
vuelan en cielo jaspeado
un balbuciente itinerario
casi bajo la sombra de la losa

mia farrow   nogalina en escamas
anilina amarilla   sopla la rana / sopla
más la hinchada ranita en la ribera del río
para que el mundo ascienda.

(mia farrow de fondo / poética)

(17)

viene la mano librada   casi luz
fría casi
el regusto de azahar al curry la sopa
que lastra sobre el plato el dolor y la falta

viene la mano (—luz—) (y también lucecita
lucero)
copos alocados como locos
abruman las palabras precarias
digeridas desde donde el estío
desde donde el verano huyó como animal
de alcoba   (no somos eso) apenas nos.

(meditación con nieve)

la boca respirando / se suceden
nubes   pájaros en los tardíos
días

la boca abriendo / agrandando
el amor / o aquello que examinamos
como vida eterna cegadora

la boca clausurando / sumergiendo
los peces en el aire / y mueren
como la palabra en oscuro
y doloroso vuelo / en
despavorido espacio.

(paisaje aéreo con amor de fondo)

la casa (la viste) que no caía
y otra cosa de la casa / casi
cerrando los ojos la veo
bésola con los cerrados párpados
vístola como para la boda
de dos océanos y
con enorme tiempo de volar
y volver al tugurio
camino hacia la tapia   otra
vez
la
tapia
la ya definitiva.

(casa con tapia / detalle)

están puestas las acelgas
en el parterre este de la casa
más de un metro de altura desde el suelo/
ni los topos ni las húmedas babosas
pueden alcanzar el nivel de la tierra/
se inundan con el agua de remojar garbanzos
se acidan con los posos del café del desayuno
sus bacterias producen hongos («la putrefacción es
el laboratorio de la vida», Carlos Marx)
si no están bien tratadas/
con la humedad   /   sobre la tierra húmeda de Eliot
la primavera   /dice/   regenera la vida.

(regando el huerto con «la tierra baldía»)

madonna del perpetuo
la altura es suficiente para verte/

en los bancos corridos comienza una masacre
somos los furtivos que se quedan con la copla

el aire taladrante traspasa
los cráneos de los niños en el patio

madonna del perpetuo
brilla más
sobre la cabeza del viejo.

(escuela con virgen de fondo)

sobre la mesa avanza   sola
como una diva insobornable   la mosca

escondida / acechando tras las migas de pan
y de croissant del desayuno   en la hojarasca repica
la crujiente corteza   dudosas
notas musicales se pueden escuchar

(probable /   cada vez estamos un poco más sordos)

avanza como una enferma
en la radio las noticias sobre Gaza   /   la franja soleada
/por encima del polvo de los derrumbamientos/
                              sobre las calles de Madrid
historias de fascistas con tapabocas de franela
que exhiben la fractura cerebral que traen de casa   la mosca
avanza y zumba y zumba   /con sus patitas ya agarrotadas
por la inhalación de piretrinas efecto fulminante/
hasta que cae bajo el proceso natural de liquidación

con un recuerdo leve   grave   lejano   se acaba el desayuno
desde los crisantemos (simplemente geranios?)   parte el día

de un manotazo caen
migas de pan
moscas de negro pelo del mantel familiar
esta mañana.

(desayuno / últimas noticias)

en los graneros de la fruta
la sombra de la uva / la lozanía
de la cara

fruta entre las manos de todos los nosotros
que pudimos juntar

un paso adelante   nadie / ninguno
para nombrar las cosas en la condolencia
de la oscuridad del invierno
los habitáculos de luz tullida /60 voltios/

afuera
estaban los patios.

(infancia pueblo)

cuando oscurece el día
las flores de la tierra cambian su brillo
por un color ahumado mate/

una lengua sale de la boca
en busca de la sábana metálica

eso es todo
a excepción de la luz.

(tránsito)

aquello que es un árbol
no es un árbol tan solo
qué es su
         sombra
qué   su olvido
o carece de ello
o es un sueño
ya
más allá de los cuerpos bailando
alrededor

ejecución natural
           muerte civil
el tiempo lo mató se dice /no temas/ no tiempo (no).

(infancia con árbol)

sujeto a sombra a fondo neutro el espectro de un labio dibujado roza la máscara / desdobla el interior concepto de la boca rasga en el cielo inexperiencia pura y obligado (quizás) o negligente se dibuja (flotando) su tenue inexistencia qué máscara sostuve en el trazo del cuerpo antiguamente cuando el tiempo era aún indisoluble (hoy tan solo dejo pasar su estela) qué trozo de la vida ocultaría para no aproximarme a los finales y que éstos tan solo produjeran frescos ardiendo y luces de rompeolas así fueron tapices y empedrados llovía la humedad /sabor a nuez/ las uvas del frutero vidriado decaían las niñas en la calle daban saltos daban vueltas los niños sin cabeza / se esparcían al aire aromas de otras vidas perfumes que las madres otrora recogieron saltando a las estrellas desde un cielo infinito político violento / los ojos se extraviaron nada fue igual en la ciudad romana (un grupo de cipreses tal vez al borde de la propiedad privada procura sombra al sueño).

(final)

dos

entre- textos / los pájaros

(uno)

es tierra lo que vuela cuando el pájaro cae
piedra mullida azul las cuencas de los ojos
yo me los arranqué por ver más cerca eso
que nadie vio no vimos solo hablamos hablamos
en la tenue gatera en la alfombrilla sucia
que da entrada a la casa alguien estuvo aquí
a preguntar rarezas por qué no tienes manos
ni muñecas ni brazos por qué se te oye el pulso
todavía y si llueve por qué recoges agua
por qué recoges agua y la lanzas al aire
y de nuevo recoges el agua de la calle
y la tiras de nuevo recuerda que en la puerta
alguien mira y no entiende el agua que persiste
el pájaro cayendo ni la tierra volando.

(dos)

cartílago de óleo sabor de pergamino
vigía que sazona una tela de araña
descoloca un asombro de corteza partida
desordena la boca saliva desabrida
dibujo de cuaresma plegaria descreída
una red se descuelga rozando la calzada
como si fuera luz como si piedra fuera
consigno tu/mi acuerdo puerta cerrada puerta
azufre nacimiento nubes que pasan dulces
es la vida que rueda es la vida que pasa
como un niño la cruzo por la pálida blanca
callejuela de leche la tienda aún está abierta.

(tres)
académico swing pregunto si esta música
es la destilación de los desagües negros
(los heraldos vallejo) en el fondo de un pliegue
donde se oyen las cosas que sueñan en los cuerpos
donde se deshilacha la presencia de yeso
la figura de gel y feldespato ocre
ahora veo que hay hierba sobre la piedra hay hierba
y tu bailas la danza que inicia el viejo augurio
hemos pasado hemos contado muchas veces
los dedos de las manos uno dos hasta diez
decenas y centenas cuántas cosas contamos
con dedos invisibles y tú bailas desnuda
con los peces del mar y las aguas del río
el swing de la hojarasca cuando empieza la lluvia.

(cuatro)

mi cabeza mis pájaros se me fueron volando
no los encuentro y busco por qué se tarda tanto
en fijar una imagen un vagabundo puede
estar en varios sitios da miedo el vagabundo
si me quito el sombrero mis pájaros se irán
nada se irá tras ellos los pájaros no vuelan
con maletas pesadas ni tan siquiera tienen
en el buche apartados para las direcciones
una mujer que tiene los brazos extendidos
es un pájaro en tierra una hoguera en los ojos
hay sal en las fachadas la disuelve la lluvia
la palabra diluye las palabras perdidas
como tierra sombría en medio de la niebla
alterar el camino de la locura ingrávida
produce herida voz y las cuerdas que hablan
son roncas sombras negras y vanidad y vida.

(cinco)

si llegas a mi casa y besas mi cabeza
notarás un reflujo dulzor acuoso espeso
como los arenales que en la infancia pisamos
a través de guerreros de papel emboscados
entre las frutas rojas de paranoicas madres
que siempre siempre siempre nos saludaban nos
sonreían a todos a la vez indistintos
santo nombre de dios qué iguales nos parieron
qué impía la piedad que recorría el aula
makarenco no hablaba las flores decaían
en la ventana clara hacía sol llovía
o al revés indistinto daba igual la lección
de la quietud la piedra no se mueve y es piedra
no respira y sigue siendo piedra es casa
de líquenes nocturnos de pájaros pintados
el rumor de los patios produce somnolencia
los arpegios modulan sus lacónicas cuerdas.

(seis)

fuera de mi sombrero están volando solos
no salen de los sueños ni del color que tienen
los ojos de la tarde verde amarillo rojo
las manos son azules los adoquines tienen
con la puesta del sol aspecto veneciano
ropajes de otro tiempo cuando tiempo y ciudad
calles puertos establos luciérnagas farolas
restaurantes iglesias ladrones o letrados
todos eran perlados todos tenían crines
peinadas relucientes eran luz en la sombra
estrellas en las noches más largas de la vida
qué recuerdo la sopa servida en porcelana
el carácter de aquel que no dormía nunca
el olor a caballo el calor de la alpaca
ahora todo se junta o por mejor decir
todo se esparce como una mancha de azufre
pero tus manos tienen ese fuego amarillo
esa leche de estrella desde donde contemplo
cómo salen volando fuera de mi sombrero
los que no aguantan tantas goteras desecadas
en el adobe húmedo en el zumbido de agua.

(siete)

ni montaña ni río se ven con esta niebla
que ha cubierto la vega como para regalo
el cazador activa resortes camuflados
cielos que se suspenden cadáveres de corzos
de antiguas cacerías y el olor a colonia
de la más económica que ha comprado en el super
se esparce en el circuito donde el aire se ahoga
ese ahogo que jura extraviarse es un niño
no hay nada que coincida con límites fatiga
utensilios diversos para clonar la voz
arroyo mansedumbre carnes ensimismadas
el infierno indeciso lo bombeo en la vena
no hay nada que coincida con ninguna plegaria
qué dice señor eliot usted que no ha cazado
en las gargantas de oro de los que estiban cuerpos
usted que abrió la espita de la huella invisible
y humedece la tierra y esparce sus cerrojos
y sus llaves a un lago azul de incierto cielo.

(ocho)

hay niños harapientos que se acercan al plato
de la sopa y la sorben son tigres son muy fieros
como el cromo que tuve de animales cambiado
por otro en que en el cielo volaban los lagartos
qué lejos está el mar su salitre y su espuma
nieva sobre las mesas sobre cestos de fruta
también sobre las piedras por donde caminamos
se desconecta entonces la secuencia del tiempo
los pies de los prelados sus bastones sus huellas
arrastran la belleza dentro de sacos verdes
hechos con piel de sapo de batracios inquietos
con branquias revenidas oh misérrima luz
cómo escuecen las ingles despertando de un sueño
tan real como el tacto furtivo de su sombra
los niños agrupados en la fila del gris
la canción a maría con flores y dibujos
el frío en la plegaria el rincón de los necios
la fauna necesaria el mundo me rodea
me rodea la casa me come las manzanas
hay sol árbol y sombra es fácil de entender
son animales raros peces sobre la hierba
que respiran y flotan en una niebla suave

los he visto en los libros mirándome y riendo
también hay lobos negros detrás de las cortinas
no hay que tenerles miedo solo salir corriendo
sin mirar para atrás el sol está en lo alto
encima de mi cráneo y de mi calavera
la escuela está brillando es una maquinaria
de persuasión se sorbe y sus ruidos se instalan
en la sopa judía con líquido cristiano.

(nueve)

ya no vale la pena recordar las historias
desbloquear la mente desde estos necios pájaros
hubo una vez pasó fue el tránsito dulzura
hubimos o hemos siempre prisioneros y libres
soñado en el recuerdo de lo aún no vivido
borrando en la memoria de la piel de las manos
cualquier lastre de orgullo toda mancha untuosa
que nos obligue a estar presos en las pocilgas
de lo que piensan otros sin pesar y sin pulso
vivo en los escarpados al borde del abismo
la muerte suena a muerte y la vida supura
la frágil gelatina de los que se resisten
a la desconfianza de aquel que nos gobierna
dictador o demócrata he aquí mi dinero
las vidas de mi vida los rostros de mi faz
la cantinela seca la acequia desbordada
qué portentoso es este recuerdo lerdo.

Índice

uno
azar (+ no tanto)

dos
entre- textos / los pájaros

Colección

AURA

Primera edición:
marzo de 2024

© Aldo Sanz, 2024
© de esta edición: Eolas ediciones

www.eolasediciones.es

Dirección editorial: Héctor Escobar
Fotografía de cubierta: obra de Aldo Sanz
Diseño y maquetación: Alberto R. Torices
Fotografía del autor: Nino Cabero

ISBN: 978-84-10057-26-5
Depósito Legal: LE 68-2024

Impreso en España

AURA